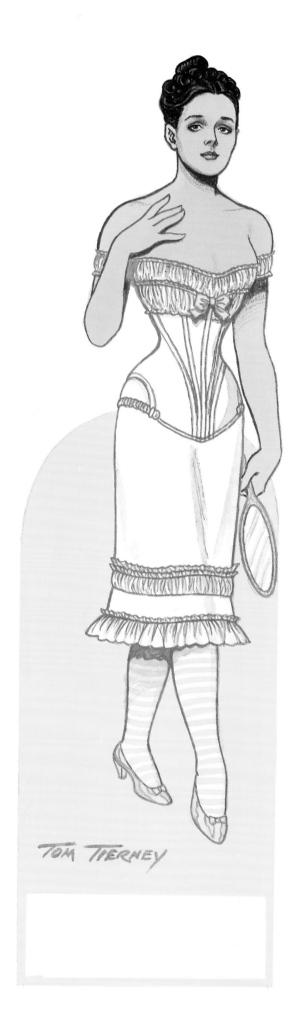

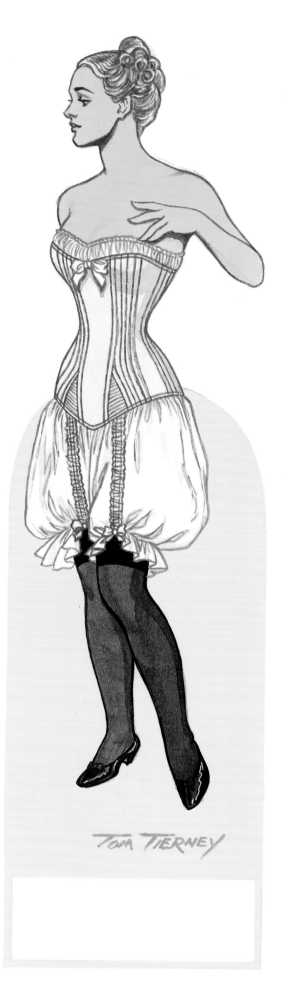

Plate 1

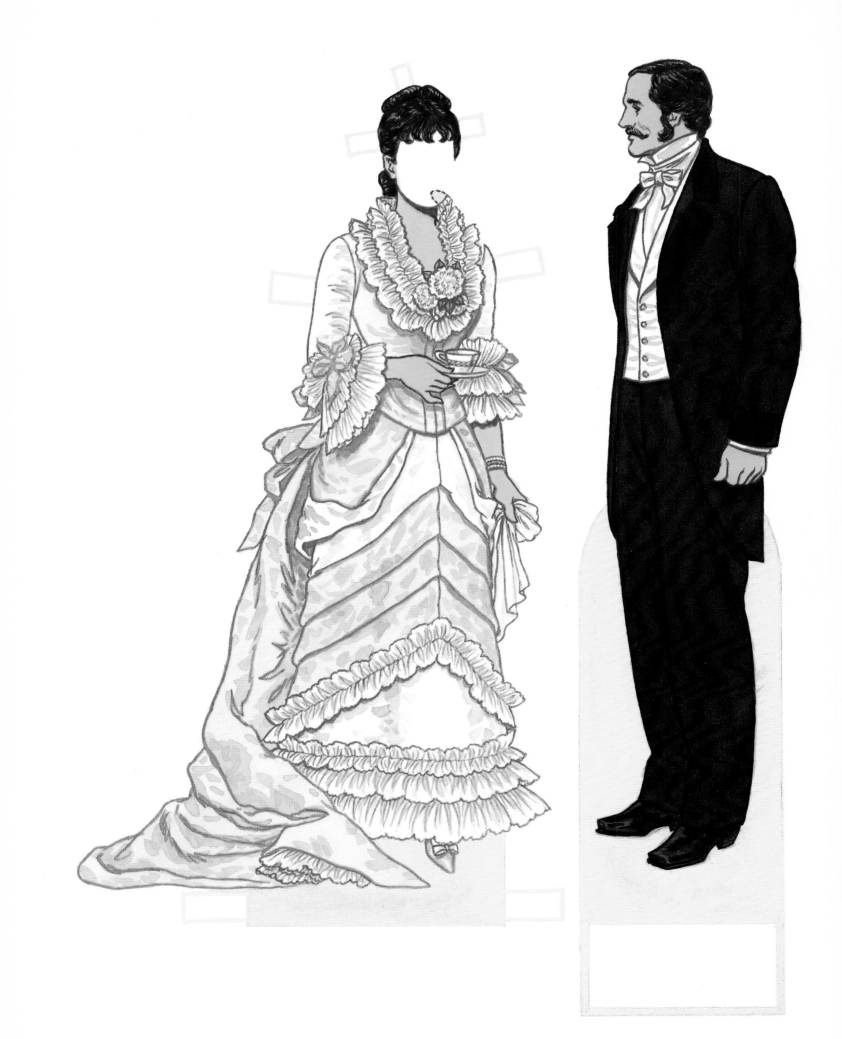

Plate 2

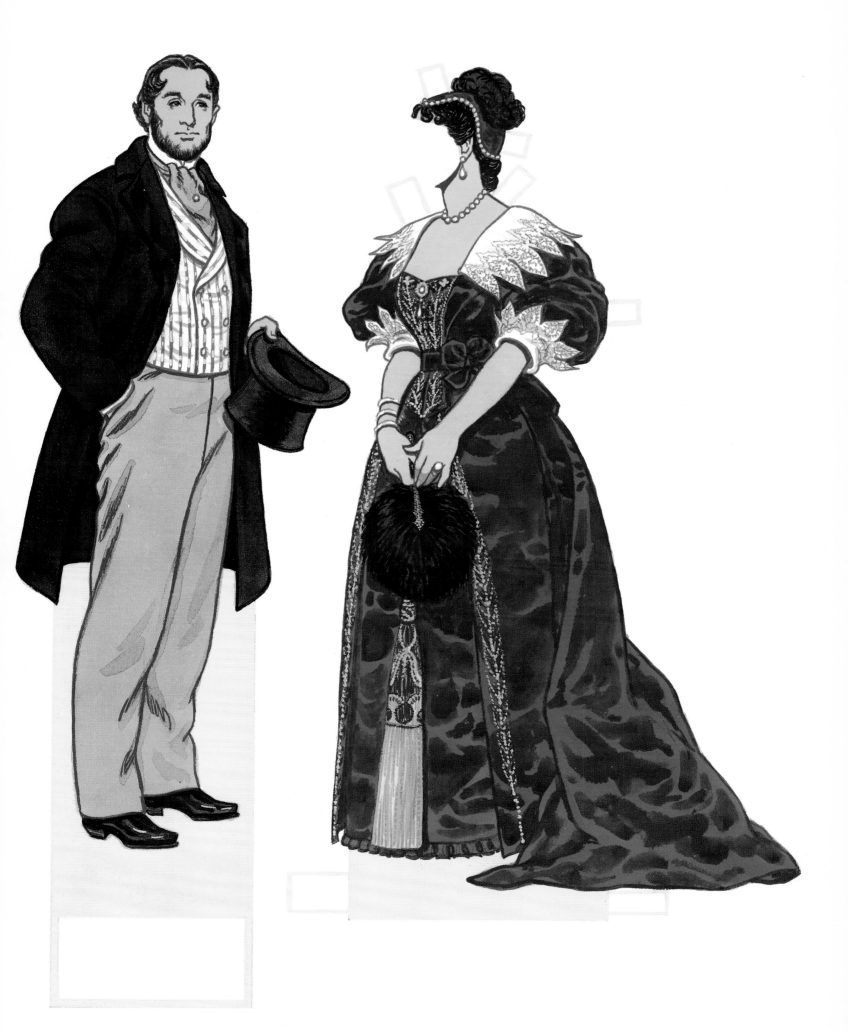

Plate 3

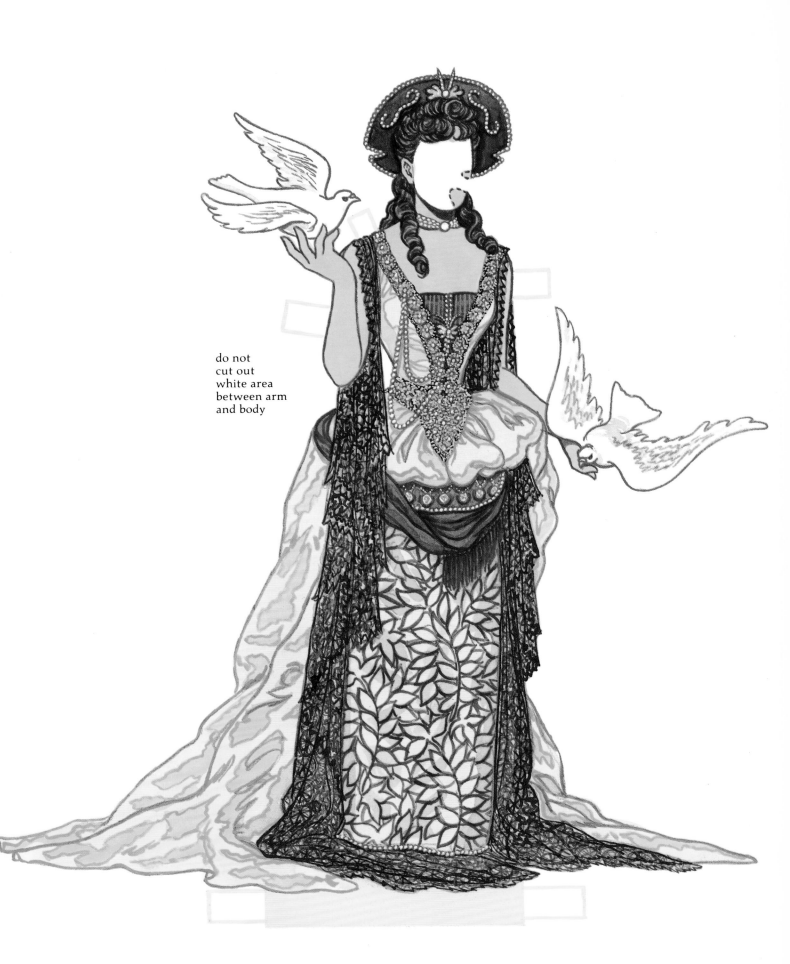

do not
cut out
white area
between arm
and body

Plate 4

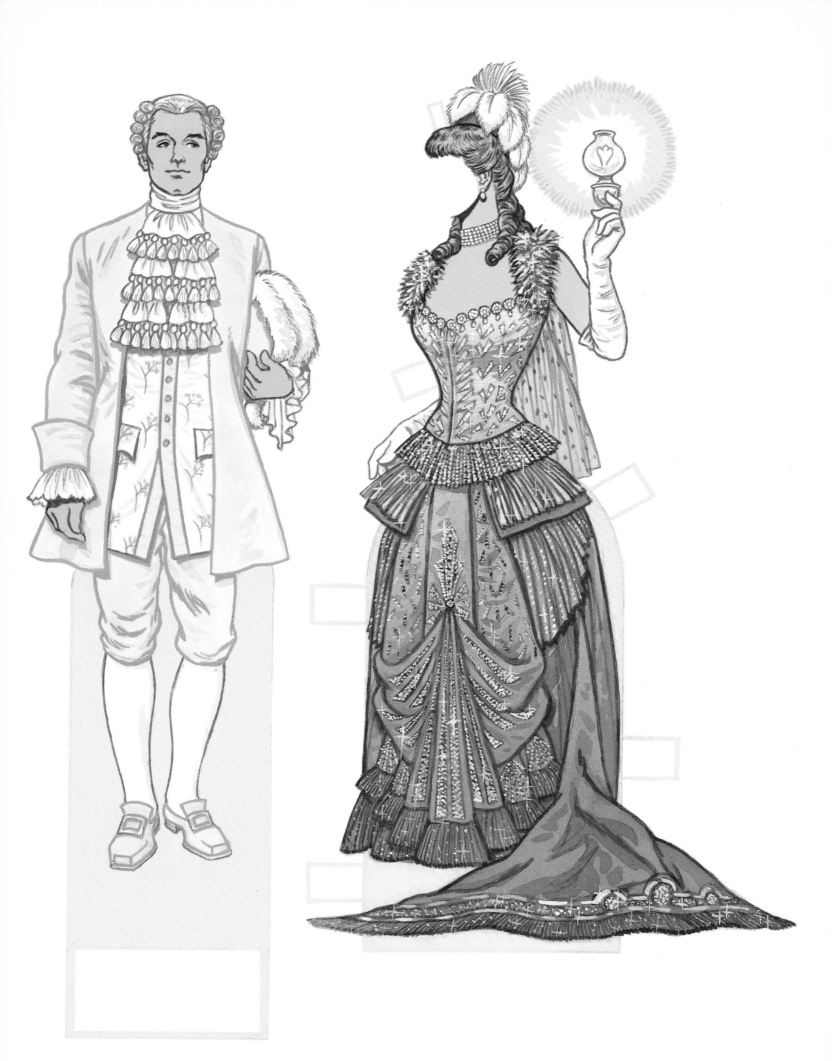

Plate 5

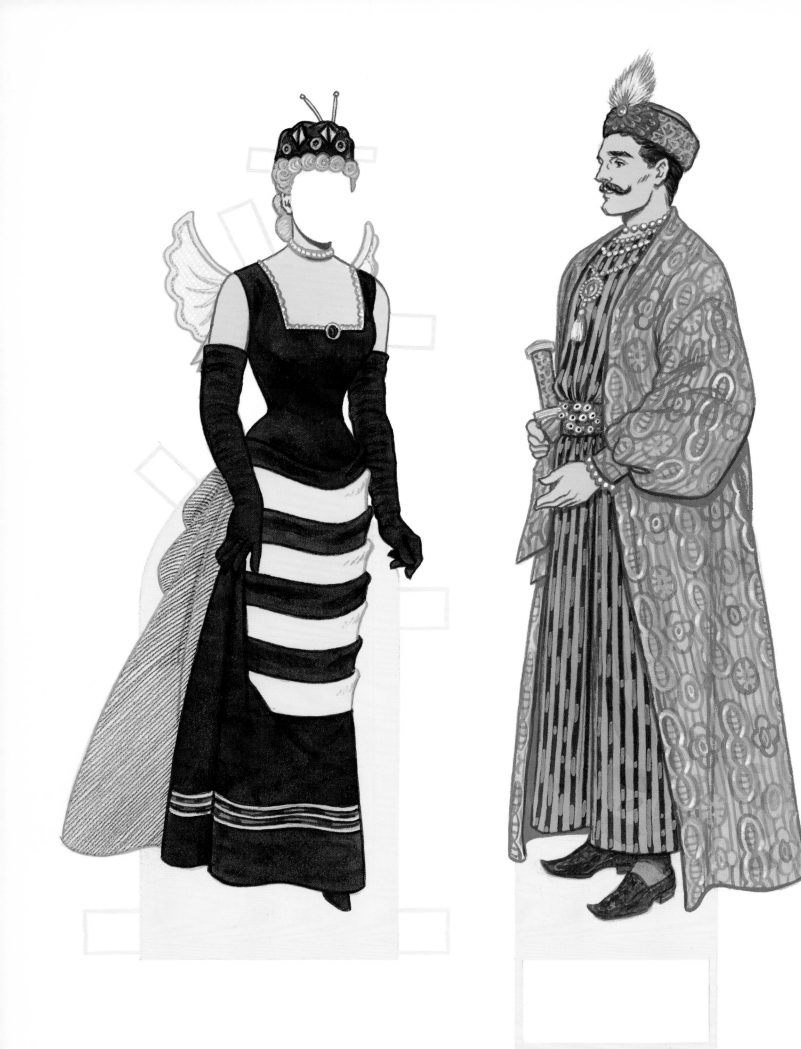

Plate 6

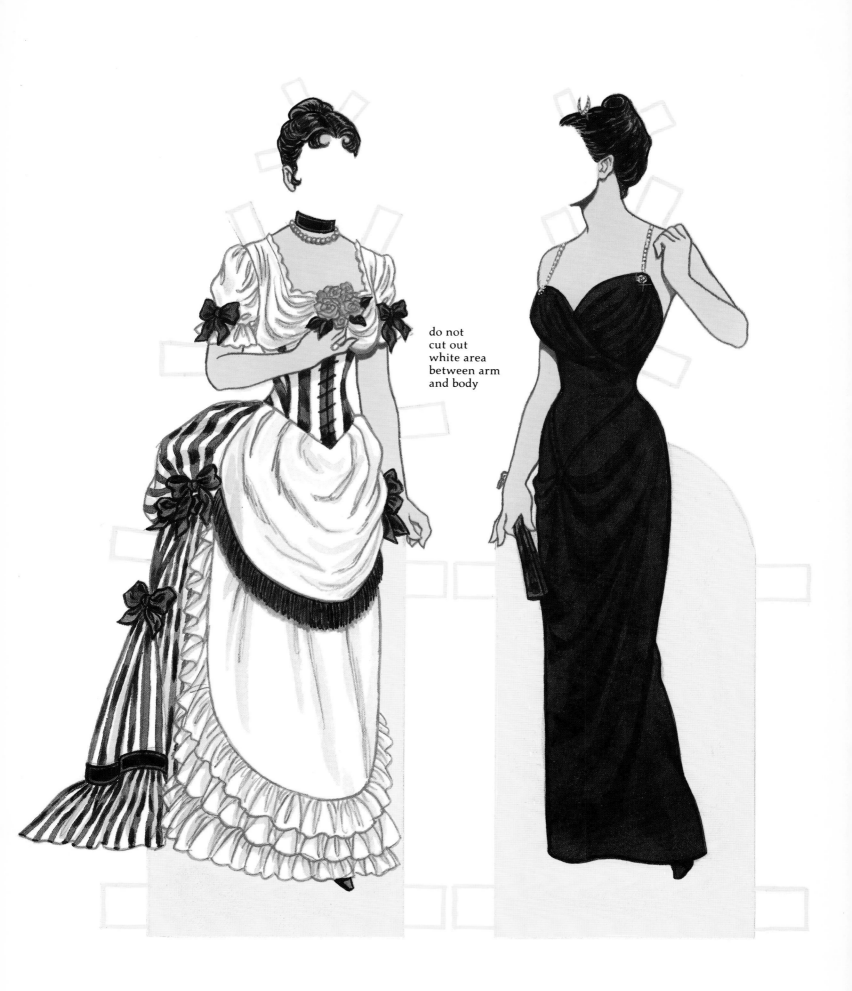

do not
cut out
white area
between arm
and body

Plate 7

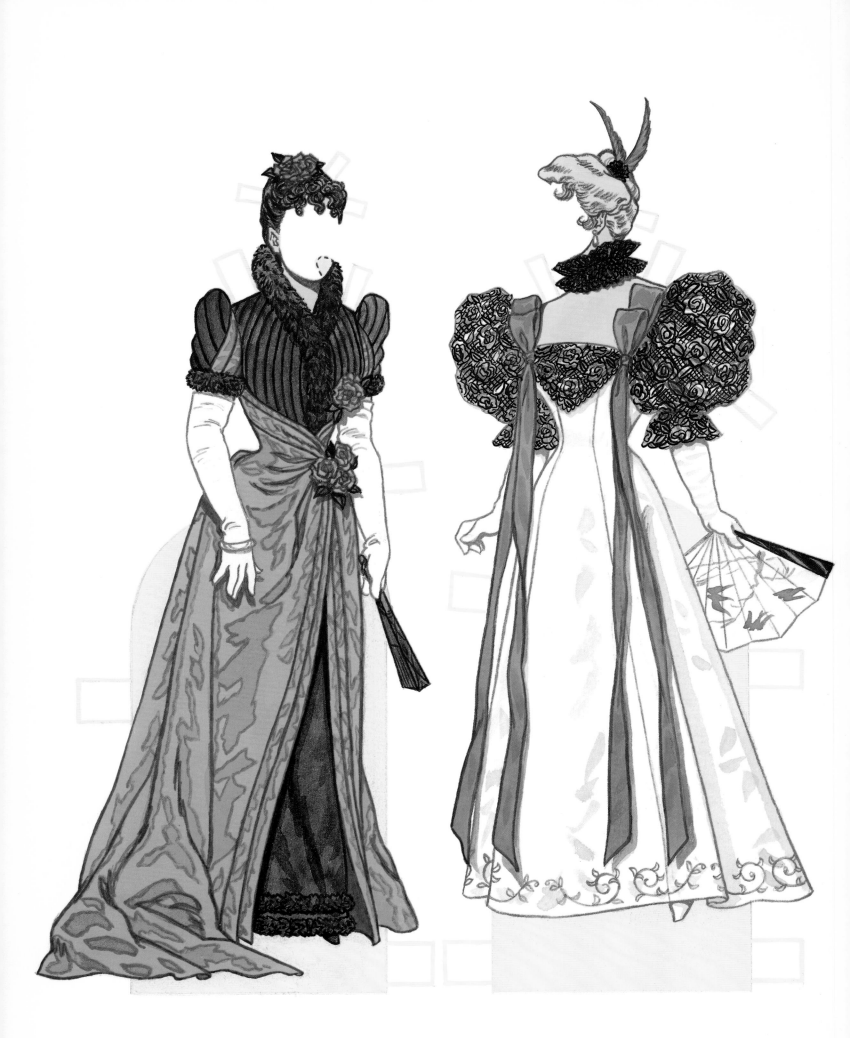

Plate 8

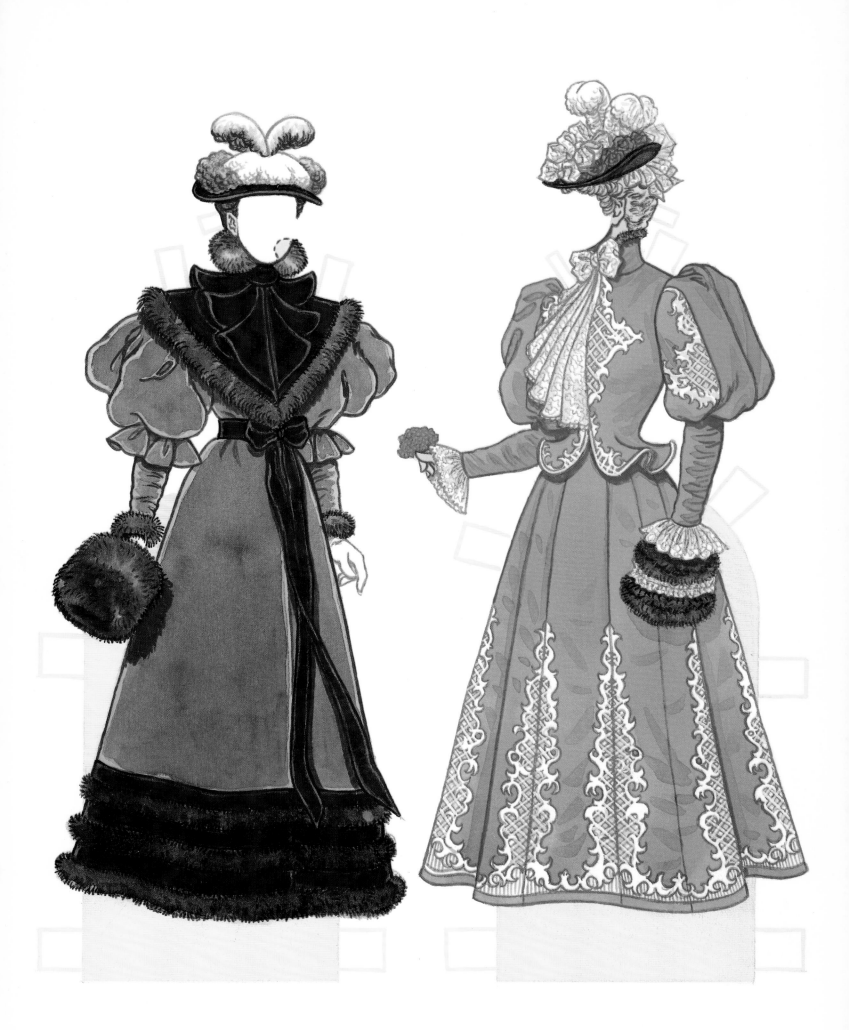

Plate 9

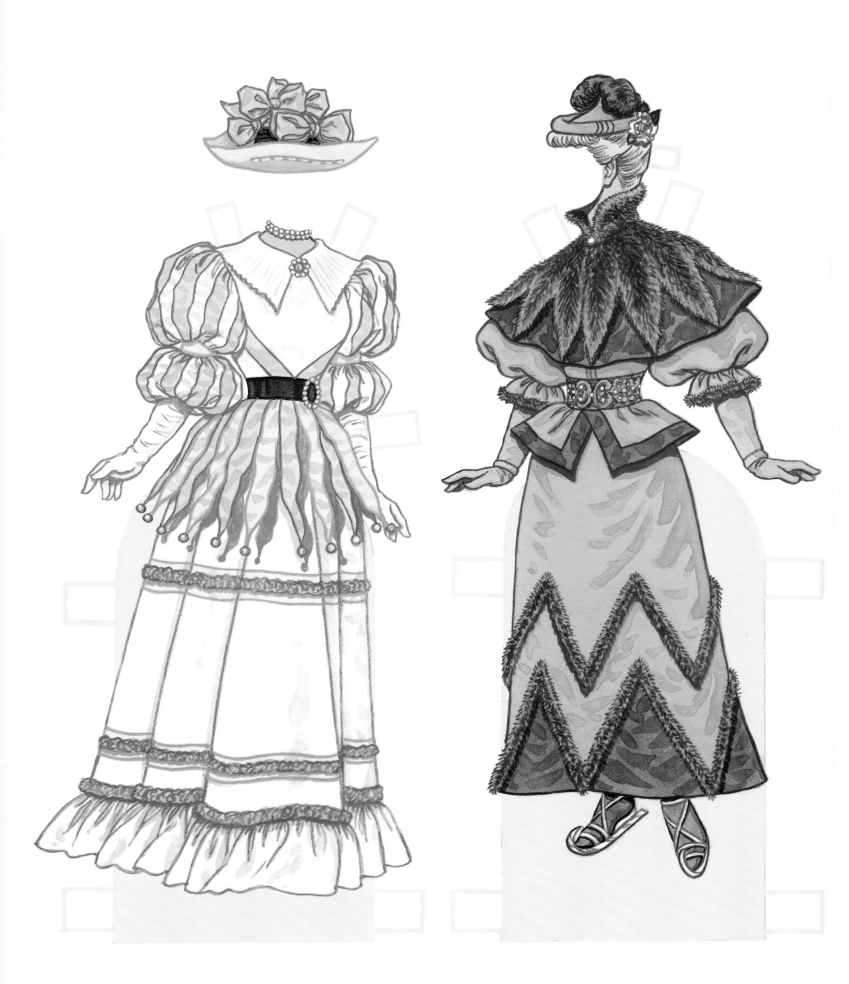

Plate 10

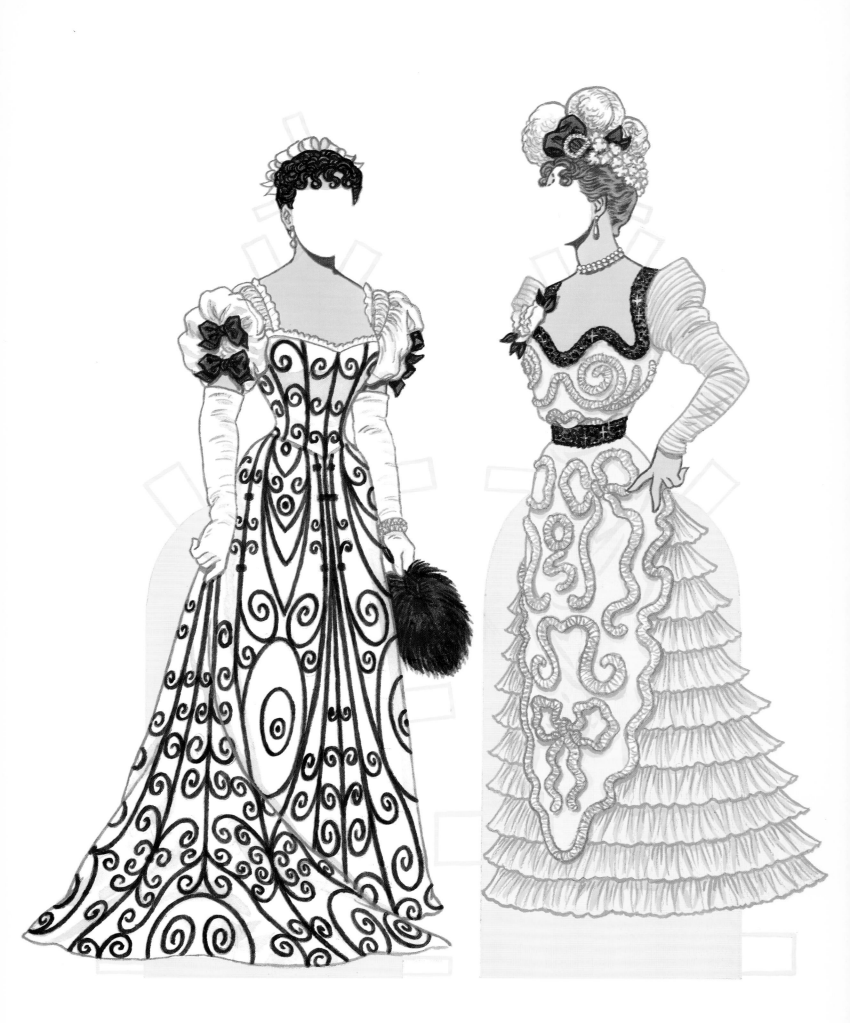

Plate 11

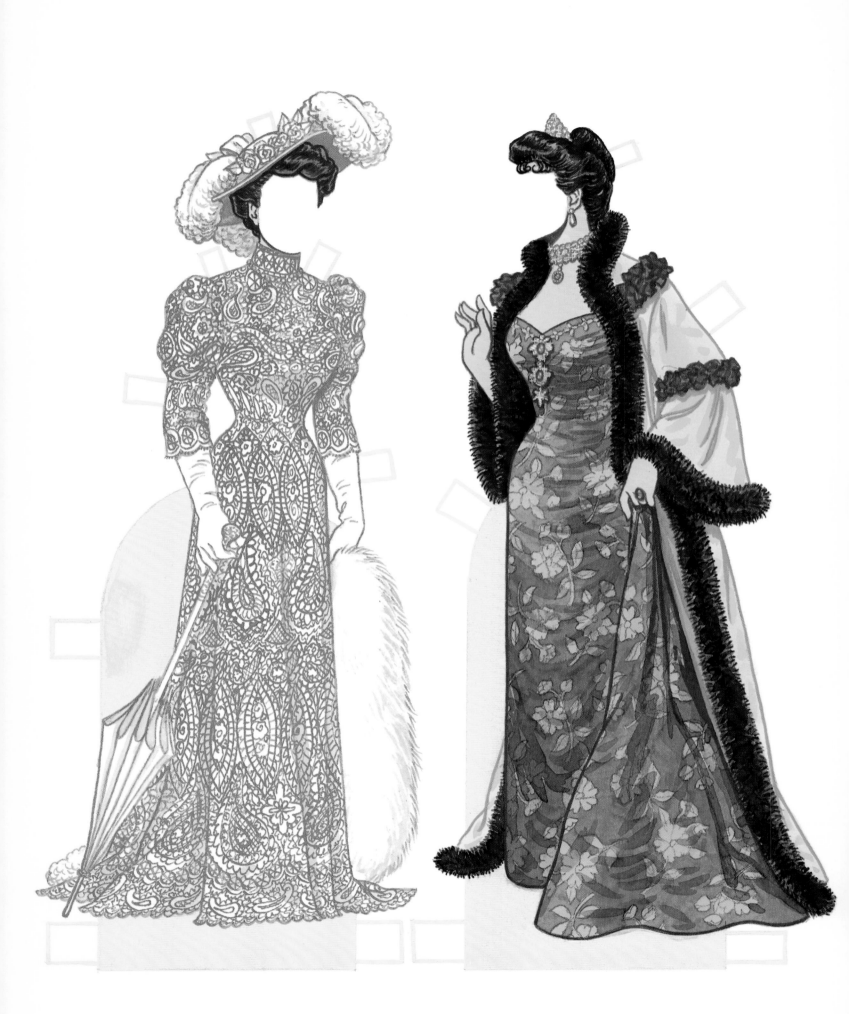

Plate 12

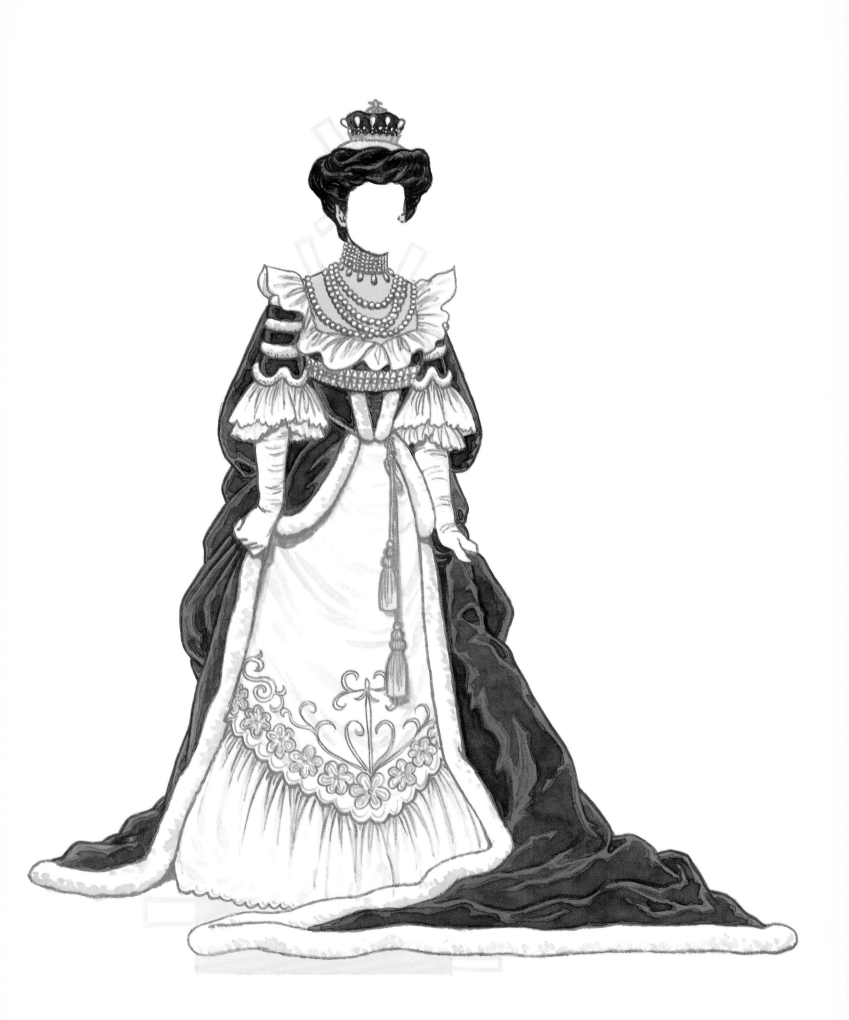

Plate 13

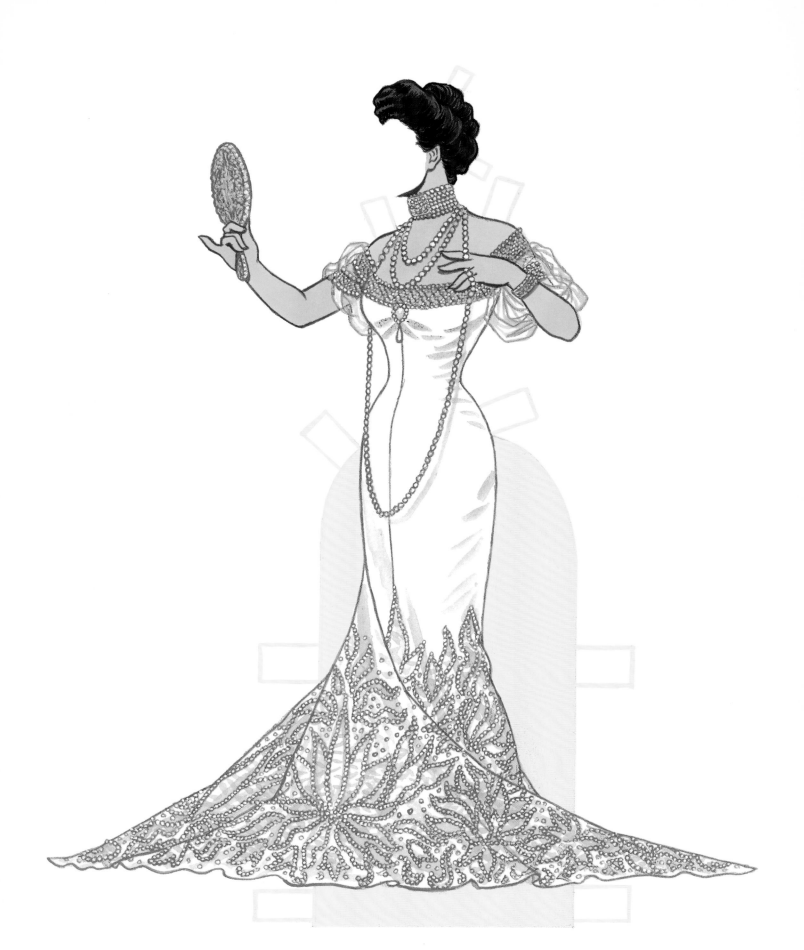

Plate 14

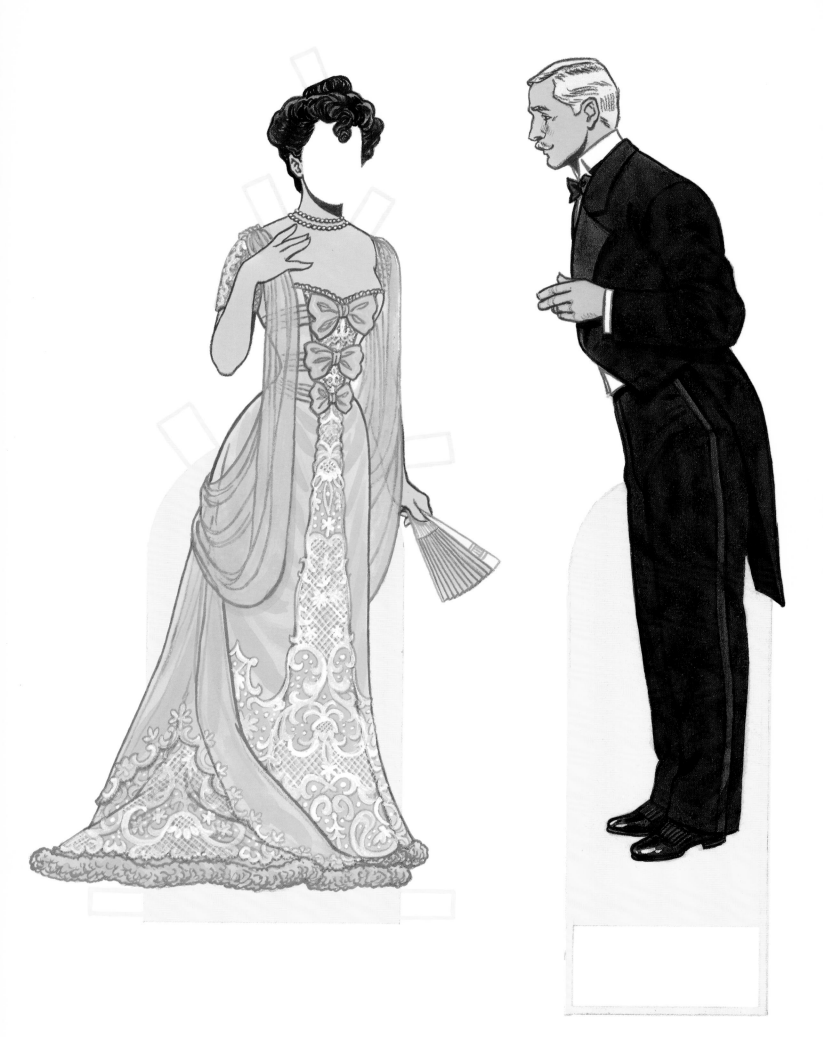

Plate 15

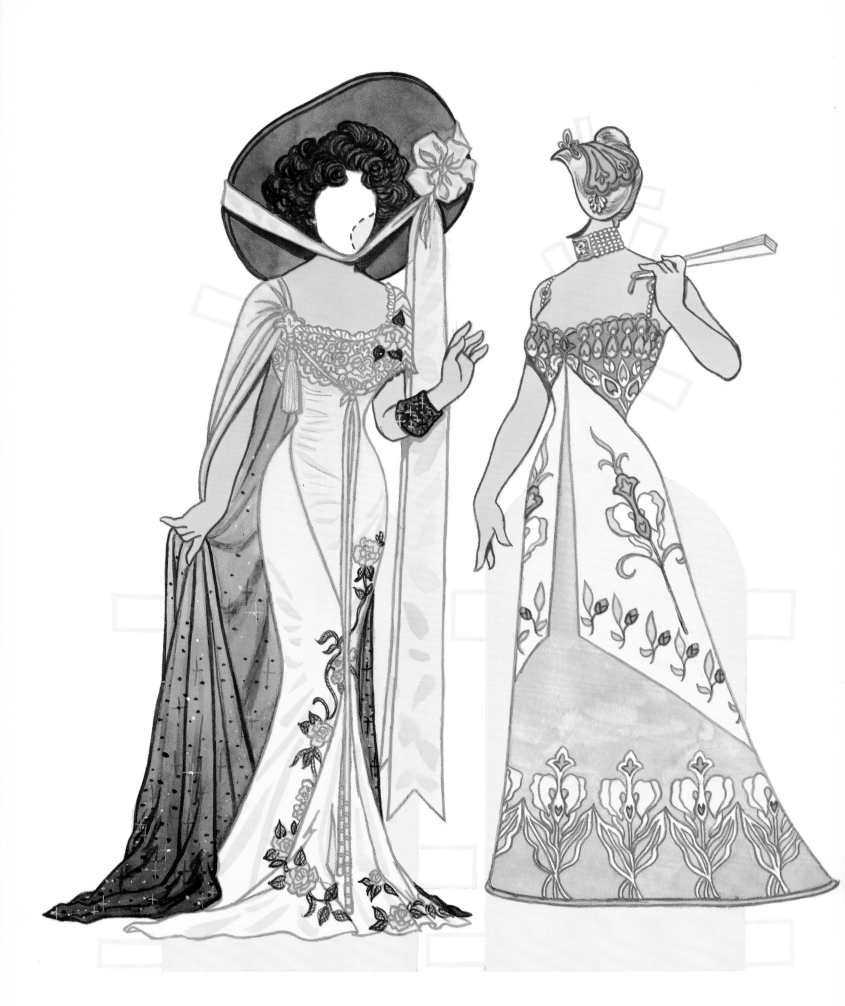

Plate 16